JN438300

잃어버린 바다

Lost Sea

________________ 님께 드립니다.

한 승 덕 Syung D. Han/Ph.D Profile

詩人 / 수필가 / 소설가 / 평론가

제5회 세계문학상 대상, 제6회 문학세계문학상 본상, 종합예술대회 예총회장상, 서울시 의장상, 청소년지도자 문학대상, 성동일보 인물대상 문학대상, 제2회 세계 한류대상(문학 부문), Presi dential Who' s Who Among Business and Professional Achievers FOR IMMEDIATE RELEASE, 구 소련 평화재단 자유메달 외 다수 수상.

(사)세계문인협회 미주지역 버지니아주 지부장. 2008, 2009, 2010, 2011『한국을 빛낸 문인들』 선정 작가.

저서『이삭 The Waste of Sole』『조약돌』『검은 별』『흑해』『묵화』『세계 문화 교류의 이해와 비전』『나그네』『여정』『Pebbles』『길』『사막의 불개미』『잃어버린 바다』『아마존 강』

Lost Sea

잃어버린 바다

한승덕 9시집 Syung D. Han

도서출판 천우

■ 작가의 말

문학이라는 넓고 광활한 대우주에서

고국의 나뭇잎 무성한 푸른 산들의 넉넉함이 그리운 때, 쌍무지개 뜨는 고향집 언덕에도 저녁연기 말아 올리는 유년의 추억들이 총총총 밤별처럼 반짝반짝 빛나고 있습니다. 눈뜨는 아침이면 세상의 모든 사랑이 아름답고 살아 숨 쉬는 모든 생명들이 소중한 지상의 가객입니다. 꿈과 이상과 내면의 아름다움이 조각하는 시가 머무는 아틀리에는 날마다 밤마다, 광채를 쏟아내는 은하의 별에서 만나는 그리움입니다.

아홉 번째 시집을 엮으면서 삶과의 소통과 민심과 인심, 시심의 꽃등을 밝히는 영혼의 작품집 『잃어버린 바다』를 통하여 지란지교를 꿈꾸는 시인으로 자리매김하고 싶은 마음 가득합니다. 광활한 대우주를 향하여 힘차게 날갯짓하면서 조국의 푸른 가슴을 활짝 펴고 오랜 세월 동안 묻어두었던 블랙홀의 보물 상자를 조심스럽게 꺼내 봅니다. 내 영혼 깊이 꿈틀거리는 시의 연금술사가 되어 무궁화 꽃을 삼천리 방방곡곡에 피울 수 있는 내공을 쏟아 붓고자 합니다.

이제야 참 삶이 무엇인가를 깨닫고 살아 있는 동안의 약속을 위하여 쉬지 않고 달려가는 천리마처럼 시의 만류인력을 통하여 어둠을 밝히는 등불이 되고 싶은 마음 하늘과 같습니다. 군자는 스승과 벗이 뜻을 같이 하여 서로 구하고 길을 함께하는 도반끼리 서로 의 지하였으므로 학문을 이루고 덕을 높이 세울 수 있었을 것입니다.

아홉 번째 작품집을 발간하면서 이제야 먼동이 트는 태양의 빛이 보이기 시작하였습니다. 문학이라는 얽히고설킨 실타래를 풀어가면서 나만의 정신세계에 몰입하였던 발자욱들이 많은 교감을 주었으며 세상과도 소통이 될 수 있었던 징검다리가 되었습니다. 드디어 문학의 올곧은 정수를 모으는 원동력이 되었다는 사실이 얼마나 기쁜 일이고 행복한 사명인지 모릅니다.

연륜이 쌓여갈수록 교교한 생각과 유유자적한 풍요로움이 점점 커져가고 있는가 봅니다. 자아의 성찰을 위하여 이 세상에 태어나서 하늘에 부끄럼 없고 땅에 자랑스러운 세상의 빛, 광명의 성채가 무엇인가를 인지하게 되었는지도 모릅니다.

이제 진정한 반려자의 동행이 시작되었습니다. 뜻하는 모든 일이 문학을 통하여 실크로드가 되길 진정 성토하고자 합니다. 힘들고 지쳐 있을 때, 따스한 동행이 되어 주었던 영혼의 집에 이제, 촛불을 켤 때가 되었습니다. 제겐 고독한 삶의 길 위에 밝혀둔 영롱한 불빛이 바로 문학이었습니다. 앞으로도 당당하고 도도한 날갯짓으로 찬란한 길을 인도해주는 낭만과 서정의 파수꾼이 되어줄 것입니다.

그리고 잃어버린 바다의 등대가 되어주신 金天雨 이사장님께 감사드립니다. 단 일 분 일 초도 낭비하지 않고 문학세계에 대하여 경건한 마음자세로 망망대해를 시인의 바다로 수놓아 가겠습니다.

2012년 7월

한 승 덕

Sy ... Han

1부

파란 전깃줄

2부

세월(歲月)

3부

늦가을의 소나기

4부

때 이른 첫눈

제1부

파란 전깃줄

장독

아련히 떠오르는
어머니 손끝에서 만들어지는
반찬 맛은 잊을 수가 없지요.

누구도 흉내 낼 수 없고
고유의 전통을 이어온
맛을 내기 위해서는
간장 맛을 먼저 떠올리게 된다.

찌그러질 듯한
거친 옹기의 장독 말이다.

주거 생활의 변화 전
한국의 가옥 구조에서는
집마다 장독대가 있었고
맛있는 간장을
집에서 만들었다.

간장을 만들기 위해서는
좋은 콩을 구해
향기롭지 않은 냄새의 과정을 거쳐
메주를 숙성(熟成)한 후에

간장독에 물을 붓고
천일염의 소금에
숙성된 메주를 띄우고 소금을 풀어
여름 햇빛 속에 놔두고
더운 불에 끓여
고유한 간장 맛이 탄생하였다.

자세한 진행 과정의 레시피가 있지만
할머니, 어머니 세대는
구전과 경험에서다.

오랜 전통과 경험 속에는
평생에 걸친 노하우와
가족 한 사람 한 사람마다의
기호를 감안한
짠 듯한 맛은 짜지 않고
고유의 향마저 나타낸다.

맛을 맞추고
손끝에서의 경험에 의해
창조된 맛에

식탁에서는
웃음이 퍼진다고 하겠다.

전통문화는
옛것을 이어
오늘로 내일로 이어지는 것을…

전통문화는
하루에 만들어지는 게 아님을…

간장 맛은
한국 고유의 독창적인 맛으로
역사를 이어가고 있다.

영혼

배웅을 받으며
영혼을 떠났습니다.

쓸쓸한 웃음 속에
악마와 손을 잡고
바삐 떠났습니다.

춤추는 파도의 흰 포말에 매달려
풋풋한 소금기의
아름다운 영혼을
한 잔의 달콤한 주스와
맞바꾸었습니다.

파도는 부서져도
푸르름을 잃지 않고
영원한 사랑을 받으며
우주 유영(游泳)이 끝나는 날
우아한 자태로 되돌아가지만
영혼은 떠났습니다.

되돌아올 수 없는 길을
밤하늘의 유성처럼
영혼을 팔아버리고…

영혼의 아름다움은
악마의 손길이 닿으면
흔적이 없어지는 것을

악마의 웃음 속에
심연 속으로 웃으며
밤하늘의 유성과 함께
시간의 망각 속으로 떠났습니다.

출렁이는
바다의 푸르른 파도는 부서져서
흰 포말의 춤추는 파도로
되살아나지만
검은 그림자를 따라
흔적 없이 떠났습니다.

종말론(終末論)

신흥종교 단체의
잘못된 믿음과
교리의 해석 차이에서 시작

1995년 스위스와 프랑스에서의
태양사원 집단 자살 사건
1995년 일본
옴진리교 지하철 사린 살포 사건
기독교의 천년왕국론도

고대 마야인이 예시한
종말론은
2012년 12월로 예시되었지만….

종말론에 대한
강론이 기억에 남는다.

성경에서 종말론을 이야기한
구절과 숫자를 찾을 수가 없고
확대해석할 필요가 없다.

종말론자들이 이야기하는
지구행성의 마지막 날

태양이 폭발
어둠이 시작되고
초저온이 닥쳐오고

지구행성이
태양의 공전에서 이탈
우주와 천체의 공간으로
자전을 지속할 때

어두운 암흑 속에
하늘이 열리고
천사(天使)가 내려온다고 하여도

천사가
제일 먼저 해줄 이야기로는

모두들 집이나
직장으로 돌아가서
평상시로 돌아가라고 할 것이다.

진실한 신앙인은
천년 후의 부활을 믿기보다는
매주 매일의
진실한 생활을 이어가는 게
더욱 중요하다.

파란 전깃줄

안데스 산맥의
높은 정상으로부터
싸늘한 바람을 따라
협곡은 이어지고
협곡을 따라 소리소리 지르면서
철철 물이 흐른다.

구름도 조는 듯 산 위에 걸렸고
빈약한 전신주에
전깃줄이 이어지고
전깃줄이 파랗게 보인다.

구리로 된 전깃줄에
새파란 풀들이 자라고 있다.
전깃줄을 감싸면서 자라고 있다.

초록색 전깃줄은
산새들의 발톱에
풀씨가 묻어와
우기(雨期)에 자라기 시작한 거란다.

이름 모를 산새가
날아가면서 소리를 지른다.

전깃줄에 원예(園藝)를 하려면
가르쳐 주겠단다.

전깃줄 위에서의 원예(園藝)를….

고산증

태초에
고도를 정하여
지구행성과 우주와
천체의 경계를 지키게 하였다.

높은 산을 올라가면
산소 결핍
중력의 변화로
몸의 균형을 잃게 된다.

1,000m에서
2,000m, 3,000m에 이르면
호흡이 가빠지면서
수면이 여의치 않고

4,000m를 넘어
5,000m, 6,000m, 7,000m
걸음과 호흡이 불편하며
속이 메스껍고
어지럼증이 나타난다.

고산증과
깊은 바닷속에서도
수온의 차이
수압의 압력
산소 결핍으로 적응이 어려워진다.

안데스 산맥 깎아지른 고봉들을
태양의 안내를 받으며
잉카 전사들이
엘퀸키스트(정복자)들이 넘었던
산을 넘으며 밤을 재촉하고 있다.

천둥 번개

맑게 갠 하늘에
시커먼 뭉게구름이 하늘을 덮으며

무엇이 바쁜지
뭉클뭉클 피어오르며
동화 속의 궁전을 만들며
바람과 함께 휘몰려오기 시작한다.

땀을 흘리며
수은주의 숫자를 높이던
해님도
슬그머니 자취를 감추기 시작한다.

푸르른 하늘도 사라지고
푸르른 숲의 나무들도
수런수런 두려움에 휩싸이고
새들도 낮게 날기 시작한다.

어둠이 퍼진 하늘에
귀를 찢는 듯한 천둥소리와 함께
번갯불이
하늘을 가르며 숨 가삐 움직이고

하늘에서 미사일이 터졌는지
굉음과 함께
번갯불이 눈부시게
하늘로부터 떨어지기 시작한다.

우르릉
우르릉
우지직 쾅쾅
고막을 괴롭힌다.

천둥 번개의 파편인 듯
장대 같은 비가 앞을 가린다.
콸콸 도랑을 만들면서
탱고를 추며 흐르기 시작한다.

서늘한 바람이 스치면서
새파란 하늘이 빠끔히 열린다.

살랑살랑
수목들이 생기를 찾아
생을 노래한다.

자기가 한 일이 아니란 듯
시치미를 떼고
눈이 부시는 햇빛 사이를
사뿐히 흘러가는 구름을 볼 때는
얄밉기도 하다.

마추픽추로 가는 길

구름도 흐름을 멈춘
천혜(天惠)의
안데스 산맥 정상에 자리 잡은 마추픽추

깊고 깊은 협곡을 내려보고
위로는 침묵 속의 우주로 이어지고
보이는 것은 돌이고

돌을 쌓아 신전을 만들고
돌을 쌓아 집을 짓고
돌을 쌓아 길을 만들고
돌을 쌓아 계단식 농토를 만들고
태양신을 받들고
태양신의 자손으로

구름
바람도 나갈 길을 잃어버린
안데스 고봉 위의 마추픽추

오랜 세월 평화 속에 살아왔던
잉카족들은
어디로 가고
언제쯤 돌아올까요.

돌은 침묵 속에
쏟아지는 햇빛 속에
한가로이 라마만 풀을 뜯고 있구나.

그날의 몸부림은
대지를 흔들고
화산으로 폭발하여
태평양 연안을 사막으로 만들어
또 다른 침입을 막았겠지요.

잉카들은 알고 있지요.

엘도라도의 전설만 없었으면
마추픽추의 재난은 없었을 것을

속삭이는 바람 소리는
잉카 전사들의 발자국 소리임을….

꽃(Flower)

6월이 지나며
많은 꽃들이 피었습니다.

모양도 다르고
크기도 다르고
색깔도 다르고
향기도 다르고
아름다움을 자랑하고 있습니다.

신비한 식물의 세계를
누군들 이해할까요.
아름다운 식물들과
이야기할 수 있을까요.

꿀벌이 찾아와
꽃술마다 인사를 한다.
꽃술들이 환호하며
춤을 추기 시작한다.

펄럭펄럭
호랑나비가 사뿐이 꽃술에 앉아
달콤한 꿀을 먹고 있다.

6월의 푸르른 신록 속에
눈이 부시도록
아름다움을 자랑하며
꽃이 피었다.

꽃들은 특색을 갖추었고
꽃들은 향기를 휘날리며
벌과
나비에게
손짓하고 있다.
빨리 오라고….

특색 있는 아름다움과
탤런트를 가지고 있다.

꽃들의 아름다움 속에
6월은 무르익어 간다.

와이오밍을 지나면서

내리쪼이는 태양 빛 속에
무거운 줄 모르고
흰 눈을 머리에 이고
아득히
멀리 보이는 로키 산맥이
좁혀질듯 더 멀리 달아난다.

평평한 평야는 빙글빙글 도는 듯
일직선의 도로는
아지랑이 속에
지평선의 끝을 감추고 있다.

흰머리독수리가
머리 위로
한가로이 원을 그리고 있다.

단조로운 지평선과 다투고 있다.

텍사스의 대평원과
시베리아의 평야와
아프리카의 사파리도 이랬다.

누가 지구행성을
작은 행성이라고 하였는지 모르겠다.

지구행성은
아름다움과 다양성을 갖춘
신비한 행성임을 말이다.

석양의 그림자가 길게 드리우면서
로데오 경기의 선전 입간판이
눈에 들어온다.

인디언의 보호구역이
멀지 않은 것 같다.

7월의 폭염

녹음(綠陰) 속에
7월의 문이 열렸다.

내리쪼이는 폭염에
푸르름이 두꺼워지고 있다.
구름도 두꺼워지고 빠르게 흐른다.

뇌성과 번개를 동반하고
번개 미사일을 터트릴
전선(前線)으로 뛰어가고 있나 보다.

구름의 틈 사이로
산맥의 산봉우리가
빠끔히 머리를 내민다.

산이 달려가고 있다.
산맥이 자취를 감추고 있다.
바람과 함께
먹장구름이 하늘을 덮으며
급히 달려가고 있다.

태양이 돌고 있다.
지구가 돌고 있다.

구름이 쫓아가고 있다.
산이 쫓아가고 있다.
바다가 쫓아가고 있다.

땀을 흘리며 쫓아가고 있다.
하늘과 땅이
하늘과 천체가 맞닿았다.

지구행성이 올 때처럼
우주여 열려라.
천체여 열려라.

산봉우리가 열렸다.
높이높이 심연 속의 우주로
천체로 화산이 폭발하였다.

하늘 높이
화산재를 날려 보내고 있다.
에덴동산의 문을 열라고
아담과 이브가 줄을 서 있다.

시뻘건 용암을 뱉어내고 있다.
연옥이 열리고 있다.
7월의 폭염 속에….

안데스 산맥 정상에서

안데스 산맥의 최고봉인
와스카란(6,670m)은
만년설을 머리에 이고
피어오르는 구름을 잡으려
발돋움을 하고 있다.

쏟아지는 자외선에
푸르름도 깊어지고
외로운 듯 보이지만
결코 외롭지 않은 것을….

북미의 알래스카
맥킨지 산맥과
로키 산맥과
안데스 산맥은 연결되어 있다.
안데스 산맥의 많은 고봉

마추픽추(=늙은 산)는 보듬고
하늘 아래 잊혀진 지역으로
계곡은 까마득히 깊어
끊이지 않고 물이 흐르고 있다.

희미한 어둠이 깨어나면
눈부신 태양은 솟아오르고

운무(雲霧)가 더위를 식혀주고
바람이 소식을 전해준다.

인자한 웃음 속에
둥그런 달이 은빛으로
에메랄드 빛을 반짝이며
별들이 어둠을 밝혀준다.

꽃이 피고
그윽한 향이 퍼지고
꽃이 지고
새가 찾아오고 새가 떠나고

짐승들이 뛰어놀고
곤충들이 번식하고

수많은 식구들이 함께하기에
높은 산들은
외로울 사이가 없는 것을….

산은 외롭지 않은 것을
산은 변화하는 것을

산은 언제나
멋 내기를
모자 쓰기를 좋아해
만년설을 머리에 쓰고 있다.

고고학(考古學)

고대 문명 발굴 속에
천년
만년이 다가온다.

고대 술레이만 왕국의 유적이
올드 바빌로니아 앞으로
올드 바빌로니아가
신(新) 바빌로니아 앞으로

이집트 파라오 왕조가
페르시아 제국이
바빌로니아 이후로
인더스 강 유역의
고대 왕국이 쫓아오고

극동의
황하 유역의 고대 왕국인
요순(堯舜)상인 왕조와
고조선의 단군이
홍산 문명이

남아메리카의
카카마차이 동굴벽화에 이은

차빈 문명이
문화와 종교를 꽃피웠다.

문명은
문화는
종교는
물이 흐르듯 흘렀고

잃어버린 아틀란티스 대륙도
파도를 가르고
다가오는지 모르겠다.

터키의 괴베클리 테페가
일만 천육백 년의
나이를 과시하며 나타나
술레이만 앞으로….

보르네오의 밀림 속을
아마존의 밀림 속을
태평양의 바닷속을
당신은 알고 있나요.

잊혀진 시간의 길이를….

피서지에서

피서객이 몰려오고 있다.

피서객들의 간격이 좁아지고 있다.
거리와 상점들이 분주해지고 있다.

바다 갈매기들이 분주히 날고
모래사장에 모자이크가 넘실댄다.
파도도 바쁘게 출렁인다.

푸르른 하늘에
떠도는 얕은 구름이
바닷바람에 떠밀려
수평선 너머로 사라진다.

시간은 멈추고
비키니 차림의 젊음이
포만 속의 해변을 채우고 있다.

해변에서의
아름답고 소중한 추억들이
바람에 실려 수평선 너머로 떠가고 있다.

눈 폭풍 후
발길 끊긴 해변에
빈 곳을 찾기가 어렵다.

거울에 비친 흰머리
나도 나이가 들어가고 있다.

파고(波高)

성난 파고(波高)가
거친 포말을 일으키면서
수평선으로부터 오고 있다.

파고(波高)가
좀 더 높은 파고(波高)가
소리도 요란하게
거칠게 춤을 추며

밀려오고
밀려가고
다가오고 있다.

공포에 떨면서
보드라운 모래들이
밀리고
쓸리고
안절부절못하고
두 발을 모래 위에 힘차게 딛고 서서
파고(波高)에 맞서본다.

다른 파고(波高)가
춤을 추며 다가와서
같이 춤을 추잔다.

휘청해지는 다리에 힘을 주고
웃음으로 대하자
또 다른 파고(波高)가
머리 위를 넘기면서
사정없이 넘어뜨린다.

발밑 모래가 움직이면서
쓸려 나가고
몸이 쓸려가기 시작한다.

옆으로
삼각 파고(波高)가 밀려온다.
파고(波高)에 휩싸이며
파도 속에 잠긴다.

물(Water) I

물은 높은 데서 낮은 데로 흐르고
물은 순결하고
물은 무색무취여야 하고
물은 흐르지 않으면
부패하고 냄새가 난다.

물은 변한다
물은 낮은 데서
높은 데로도 올라간다.

물은 변한다
기체로 변하여
높은 데로 올라갈 수 있다.

액체와의 경계에 있다
물은 액체로 변하고
액체 상태에서는 흐르지 않는다.

물은 액체로 변하면
화학작용에 의해
순수성을 잃게 되고
가스화도 되고
기체로도 변하고
화학성분으로도 바뀐다.

물은
순환을 지속적으로 반복한다.
쉬지 않고 흐르지만
언제 변할지 알 수 없다.

태양(太陽) Ⅱ

태양계의
지구행성은 자전 속에
하루가 시작되고
1년 365일 공전을

낮이 지나면
밤이 찾아오고
어둠 속에 더위를 식힌다.

고대 왕조 때에는
경외감을 가지고
태양을 신으로
힘과 권력의 상징이었다.

태양빛이
태양열이 없다면 암흑 속에
초저온의 빙하와
먼지와 가스만 있을 뿐

태양은 움직이고
태양의 인력에
지구행성도 끊임없이 움직이고

지구행성은 하나의 종(種)
하나의 삶이 아니다.

태양도 수소가스(Hydrogen Gas)와
헬륨의
원자핵 융합반응에 의한

빛과 열의 방출로
지금의 태양빛은
93백만 마일을 달려와서
지구에 도착하였다.

빛의 속도로 환산하여도
많은 시간 속을 여행해서
지구행성에 도착하였다.

11년마다
핵분열을 거듭 에너지와
빛과 열을
지구행성과 태양계에 방출
지구행성과
태양계에 지속적으로 보내주고 있다.

태양의 인력(引力)으로 인한
자전과 공전을 유지하여
균형을 잡고

태양의 인력(引力)이 없으면
지구행성은
태양계를 떠나

자전은 계속
우주의 미아가 되어
저 멀리 우주 너머
먼지구름 성운 속에

어둡고
초영하(超零下) 속에
수많은 시간이 지난 후에야
또 다른
태양의 인력을 만나게 된다.

태양빛(켈빈 속도계산법)은
11년 동안 핵폭발을 하여서
빛과 열을
무보수로 공급하여 주기에
태양에 감사함을 표한다.

제2부

세월(歲月)

세월(歲月)

세월은 살며시 다가오고
세월은 슬며시 사라진다

세월은 형체를 보인 적도 없고
세월은 잡을 수도 없고
세월은 냄새를 맡을 수도 없다.

흔적 없는 세월
거울은 알고 있다.
거울은 비출 뿐이다.

시간과
세월은
시작과
끝이 없기에

오지도
가지도
볼 수도 없다.

호랑나비

훨
훨
호랑나비가 날아온다
화려한 무늬에
현란한 색깔로 치장하고

이 꽃
저 꽃
찾아다닌다

꿀벌이 자리를 비켜준다
꽃들도 기다렸다는 듯 반긴다.

반기는 꽃술에
살짝 앉으며
향기로운 꽃향기에 취한다

짧은 여름을 즐긴다고 하자
후르륵 날아오르면서
따가운 햇빛을 반사하며
짧은 생이 아니란다.

나비들은
오랜 진화를 하여 왔고

(나방은 1억 2천만 년 전후
나방에서 호랑나비로는 약 3천만 년 전후)
지금도 진화는 계속되고 있단다

종류만도 16만 종으로
호랑나비는 이 중 10% 전후로
(약 3,200만 년 전후)
극지인 북극에서부터
남극을 뺀 전 지구행성에
계절을 따라 이동하면서 산단다

알에서 누에로
누에에서 환생의 과정을 거쳐
여름이 끝나면
남쪽으로 이동

세대는 이어지고
진화를 계속하면서
오늘의 이 모습이
다음 세대에서는 바뀐다면서

꽃을 찾아
훨훨 날아가며
여름은 익어간다.

물(Water) Ⅱ

지구행성에 있는 물은
바다와
강과
호수에 있다.

생물이 마실 수 있는 물은
극지(極地)와
고산(高山)의 얼음으로
만년설로 저장되어 있다.

지구행성
물의 97%가 바닷물이다.

염분이 없는
프레시(fresh) 물은 3% 정도로
이 중 77%가
북극과 남극 지방의 얼음이고
이 중 22%가
프레시(fresh) 물인 지하수다.

이 중 1%가 수증기로 변해
수증기로
물로
대지를 적셔주고

강과
호수로
바다로 다시 흐른다.

지하수는
20%만이 사용할 수 있고
프레시(fresh) 물은 10%다.

호수에 있는 물이 52%이고
대지에 흡수된 물이 38%로
물이 수증화(水蒸化)된 게 8%에
강에 흐르는 물이 1%
생물의 필요분(必要分)이 1%다.

바닷물은
지구행성의
기상에 많은 영향을 주고 있으며
찬바람이나
더운 바람을 바꿔주는 역할인
컨베이어 벨트 역할을 한다.

바다의 짠물이
수증기(水蒸氣)로 바뀌어
대지의 저기압에 의해

물로 변하여
식물이나 대지에 비로 내려서
강이나
바다로 여행을 시작하게 된다.

대지(大地) 속이나
바위 속이나
대지(大地) 위를 흘러서
연못에 고이게 된다.

물은
바람의 도움으로
순환을 계속하게 되며

바람
허리케인
태풍으로
예상치 않은 피해를 주고 있으나
피할 수 없는 자연의 순환(循環)이다.

물은 계속하여
수증기로
구름으로
비로
눈으로 변환(變換)을 거듭하지만

바람의 도움이 없으면
높이 오를 수도
이동도 어렵다

동식물들은
물을 먹고
성장하고 삶을 이어간다.

물은 연못에 저장
필요 시 생물들이 사용하고
눈으로
얼음으로 변하여서 저장된다.

퓨마(Puma or Cougar)

항상 외롭게
홀로서기를 즐기기에
산사자로 불리지만

아프리카의 사자는
그룹으로 뭉쳐
초원에서 눈에 띄게 산다.

음지와
양지의 차이를 넘어서
날렵함과
용맹성은 차이가 없다.

북미주의 검은 팬더와
캐나다의 린스와
중앙아시아의 산사자와
차이가 남을
너의 눈빛은 말하고 있다.

아마존 정글의 사자로
잉카족의 상징으로
잉카제국의 상징과 수호신으로

페루의 쿠스코 시 성곽의 형상화로
묵묵히
잊혀진 제국을 지키고

거칠게 춤을 추며 흐르는
아마존 강을 거슬러
어두운 정글 속을 찾아가고 있다.

어둡고 습기 찬 정글 속에서
보고 있겠지만
찾을 수가 없구나.

아마존 밀림 속에
눈길을 못 떼고 발길을 돌리면서
거칠게 춤을 추며
흐르는
아마존 강으로 발길을 돌린다.

소나기(a Shower)

장대비가 쏟아지고 있다.

천둥소리가
하늘과
밀림과
아마존 강과
대지를 흔들어 놓는다.

불꽃놀이가
어두운 하늘을 수(繡)놓으며
하늘의 교향곡
천둥소리에 맞추어
불꽃놀이를 진행하고 있다.

이쪽 밀림 위에서
저쪽 밀림 위로
우렁찬 교향곡에 맞추어
불꽃놀이가 바쁘다.

밀림과
밀림의 식구들을

아마존 강물과
강물 속에 사는 물고기들을

공포 속에 몰아놓고
안하무인(眼下無人)이다.

우람한 체구를 뽐내던
나무들도 움츠러들었고
동식물과 새들
곤충들도 공포 속에 휩싸이며

천군만마(千軍萬馬)가
적진을 향해 몰려가듯
휘몰아치는 바람을 따라
한 방향으로 몰려가고 있다.

한풀이가 끝났는지
빗줄기가 가늘어지기 시작
서늘한 기운이 대지를 감싼다.

수증기로 변한 물이
홀가분한 몸차림으로
승천하기 시작한다.

내일의
여행을 위해서….

상어의 수난

바다 백상어는
바다의 무법자(無法者)다.

백상어로
부상을 입고
생명도 잃는다.

청상어와 상어는
샥스핀 수프(soup)로
일부 식용을 위해
지느러미 채취를 위해
포획(捕獲)되고 있다.

지난 50여 년
연평균
상어로 인해 25명이
생명을 잃었다.

누가 더 피해를 입었는지
인류와
포유동물과
동식물을
똑같이 평가함은 무리겠지만…

자연의
균형을 위해서는
모든 동식물의 포획(捕獲)은
조정을 해야 할 것 같다.

미국의 일부 주에서
법적 움직임을 보이고 있다.
상어 포획(捕獲) 금지를 위해서….

산(Mountain)

몇 가지의 금속이 모여서
돌이 되었고
흙이 되었고
산이 되었다.

돌은 흙으로
돌과 흙이 이어져 산맥이 되고

돌과
금속은 불가분의 관계
돌이 부서지면 금속이 나온다

마그마의 활동에 따라
화산과 지진 속에
산(山)이
마그마의 고열에 녹아
용암으로
순환을 계속한다.

화산이
지진이
용암이
지속적인 움직임 속에

자전과
공전이 끝날 때까지
순환은 계속되고
산(山)은
높아질 수도
낮아질 수도 있다

산(山)은 움직이고
금속으로 정제(精製)되고
평야도 된다.

언어(a Language)

모든 동식물은
고유의 소리와
고유의 전달 방법을 가지고 있다.

육지의 동식물과
바닷속의 물고기들도
같은 종류(種類)끼리는
주고받는 소리를 가지고 있다.

언어의 시작은
모방(模倣)에서 시작

어린 새가
엄마 새로부터
소리와
입의 움직임을 포착
모방(模倣)으로 출발한다.

감정을 이해하고
의사를 전달하고
인지(人智)의 발달에 따라
고저음(高低音)과 단어를 익혀간다.

인류는 전달을 지나
상황(狀況)을 기록으로 전하기 위해

문장과
문법과
기록의 정확성과
이해를 위해
언어가 발달했다.

공동생활이 발달하면서
문법과
교육을 시작
문학과 문명이
획기적으로 발달하였다.

언어는 체계적이고
순화된 언어를 구사할 때
영구적인 가치를 지닌다.

언어의 정확한 전달과
언어의 기록을 위해서는
문학을
장려하여야 하고

문예 부흥 속에
부단(不斷)히 다듬는
노력 속에
아름다운 언어를 만들고
언어는 발전 지속된다.

무지개(a Rainbow)

하늘을 덮고
산과
평야를 가리고
고막을 터트릴 듯
뇌성벼락을 동반
앞이 안 보이게 비를 뿌리던
구름은 간 데가 없다.

휘몰아치던
바람도 안 보인다.
조용하고 맑은 하늘

이 끝에서
저 끝으로
영롱한 빛깔의
무지개가 걸렸다.

하늘하늘
하얀 가운을 휘날리며
하늘로부터
천사가 오고 있다.

무지개를 타고
천사가 내려오고 있다.
무지개를 건너
천사가 내려오고 있다.

푸르른 숲이 술렁인다.
숲속의 새들이
천사를 맞으려고
노래를 부르기 시작한다.

살라르 데 유우니(소금사막)

춤추던 파도는 무엇이 급해서
살라르 데 유우니에
하얀 소금만
남겨놓고 갔을까요.

지구행성에
대재앙이 있던 그날
바다 밑으로부터의
화산이 솟구쳐 폭발하고
안데스 산맥이
바다 밑에서 솟아오르자

푸르른 바닷물은
황급히 태평양으로
대서양으로
아마존 강으로
무거운 소금만 남겨놓고 떠났다.

눈이 시린
하얀 소금사막
언제인가
만나게 될 바다를 그리면서

오늘도
바람과 마주하고
작열하는 태양빛을 마주하고

까마득히 떨어진 밀림 너머
출렁이는 태평양을
대서양을
아마존 강을 그리면서

변함없이
소금기를 지키고 있다.

산이 움직인다

산이 솟구치고
심해의 바다로부터
시뻘건 용암을 뿜으면서

산이 이어지고
산맥이 자라고 있다

산이 돌이 되고
돌이 자갈이 되고
자갈이 모래가 되고

모래가 바람 따라
물 따라
산이 부서지고 있다.

모래폭풍 속에
모래산이 태풍과 빗물 속에
강물과 함께
모래사막이 움직이고 있다

파도가 출렁이며
모래를 움직이고 있다
파도가 모래와 자갈을
바닷속 심해로 옮기고 있다

산에
들에 살던 동식물도
바닷속으로 옮기고 있다

푸르른 하늘 아래
눈부신 햇빛 아래
산들바람의 스침 속에

밀려가고
밀려오는 파도 소리에 맞추어
산은 움직이고 있다.
산이 춤을 추고 있다.

파도와
바람과 함께 춤을 춘다.

화산이 터지고 솟구치면서
화산재를 뿌리고
화산재는
태양 빛과 열을 차단

빙하가 확장되고
산맥을 덮으면서
용암이 끓어오르고
지진이 대지를 흔들면서
평야를 고르고
대홍수가 밀려온다.

허리케인(Hurricane)

허리케인 시즌이 찾아왔다.

뉴올리언스를 강타한
카타리나를 떠올린다.

아이린이 바하마를 거쳐
플로리다를 거쳐
동북부로 북상하고 있다.

잊지 않고 찾아온다.

나무들이 춤을 추고 있다.
파도가 춤을 추고 있다.
구름도 춤을 추고 있다.

바람 소리에 맞추어
쉬지 않고 추고 있다.

점점 빠르게
점점 크게
소리소리 치면서
빠르게 춤을 추고 있다.

다리가 무너지고
도로가 침수되고
집이 무너지고
흙탕물이 소리소리 지르며
춤을 추며 흐르고 있다.
달려가고 있다.

닥치는 대로
보이는 대로
휩쓸고
춤을 추고 있다.

차량이 꼬리를 물고
길을 가득 메우고 있다.

광란의 춤사위에 지쳐서
거목들이 뿌리째 뽑혀서
전신줄을 끊어 놓고
뿌리를 하늘로 향하고
지친 몸통을 대지에 눕히고 있다.

전기가 끊기고
암흑이 찾아오고

할 일이 줄어든다.
쏟아지는 빗물 속에
춤이나 추어야 하겠다.

지축을 흔드는 바람 소리에 맞추어
달려가는 물에 발을 담그고

흠뻑 젖은 참새가 떨어진다.
춤을 추고 있는 나무로부터

끊기지 않는 바람 속
끊기지 않고 쏟아지는 빗속

어디로들 가고 있을까.

수증기

구름으로 승천 못한
가벼운 수증기는
안개로 움직임을 멈추고
찬바람이 오기를 기다리며
계곡과 숲을 덮고 있다.

구름으로 환생하여
텅 빈 하늘로
유영하기를 기다린다.

구름이 둥둥 떠가고 있다
다양한 조각품으로 떠가고 있다.

대지를 적셔주고
대지를 떠나
목적지도 없이
목적지를 향한다.

용(龍)이 못된
이무기(a python)인 수증기는
언제쯤
연기(緣起)의 길을 떠날까요.

8월을 맞으며

푸르름을 더하며
결실의 가을을 동반하고
성큼
8월이 다가왔습니다.

산에서
해변에서
보고
듣고
느끼고
경험한 것을 내려놓으세요.

내리쪼이던 태양빛이
높아지고 있습니다.

자유분방하던
풀벌레들의 합창이
가는 여름 서운하게
오는 가을 반갑게
찬미를 하고 있다.

사유(思惟)의 계절 속에
높아만 가는 창공에
떠가는 흰 구름이 눈길을 끈다.

가을의 소리에
귀를 기울여본다.

눈부시게 쏟아지는 햇빛 속에
찬바람에 휘날리는
갈 곳 없는 낙엽 속
옷깃을 여미는
파리한 손이 다가옵니다.

가시지 않은 여름의 잔영 속
짙붉은 빨간색의 제라늄에
허밍버드의 날갯짓이
아쉬운 미련을 두고
여름의 문턱을 오가고 있다.

살구(Apricot)

기나긴 겨울의 터널을 지나
겨우내 쌓였던
눈과 얼음이 녹아
계곡의 강물이 불어날 때쯤이면

메마른 평야에
아지랑이 아름아름 피어오르고
떠났던 철새들의 인사에
겨우내 닫혔던
살구나무의 꽃눈이 부풀기 시작한다.

검은색 가지에
물기가 오르며
잎보다
꽃이 먼저
풀어진 햇빛에
수줍게 화려한 꽃망울을 터트리면

바트킨트의 봄은
바트킨트의 초여름은 익어간다.

시야의 이쪽
시야의 저쪽 강 계곡에
봄의 전령(傳令)으로
초여름의 전령(傳令)으로

기지개를 끝내고
한 해를 맞자고
환하게 웃으며
어디랄 것 없이 향기를 뿌리고 있다.

황금 박물관(보고타, 콜롬비아)

해발 3,000m에
콜롬비아 보고타 시에
황금 박물관이 있다.

잉카제국은
황금 속에 번성했고
황금 속에 역사의 뒤안길로 사라졌고
황금 유물만 남겨놓았다.

제국은 사라져도
역사의 기록은 남고
황금빛의 영광은 남아 있다.

인적이 끊긴 고산에는
고즈넉한 저녁놀이
눈길을 끌고

변하지 않는 황금 유물이
황금 박물관에서
나그네의 발길을 잡는다.

안데스 산맥에
저녁놀이 곱게 물들이고
한가히 떠 있는 얕은 구름을
태양이 채색하기에 바쁘다.

제3부

늦가을의 소나기

용암

단단하고
무겁고 우뚝 솟아
하늘 아래
모두를 보듬던 산

산을 뚫고
산에 상처를 내면서
시뻘건 용암이
새로운 산과
새로운 산맥을 만들고 있다.
새로운 평야를 만들고 있다.
바다를 높이고 있다.

산이 녹고 있다.
미네랄이 녹고 있다.
늙은 산을 녹여서 젊은 산을
새로운 평야를 만들고 있다.

펄펄 끓는 용암을
바닷물이 식히고 있다.

수증기가 되어 오르고
몽클몽클

구름이 피어오르고
성층권의
우주의
찬 공기와 부딪쳐
생수를 만들고 있다.

바람이 불어오고 있다.
지구행성의 자전축을 따라
바람이 구름을 휘몰아
장대 같은 비가
억수로 쏟아지고 있다.

용암의 열기를
대지의 열기를 식혀주고 있다.

24시간 쉬지 않고
펄펄
끓는 용암이 솟아오르고
용암이 흐르고 있다.

용암은 지구행성의
새로운 골격을 만들고 있다.

우주 여행을 위해
화산을 지진을
쓰나미를
태풍을
허리케인을
토네이도를

힘든 줄 모르고
아무도 보지 않는
지하 깊숙이서
오늘도 불을 지피고 있다.

지진(地震, an Earthquake)

자전과 공전 속
무언으로 보듬어주던
대지가 건물이 흔들린다.

누가 흔드는지
땅이 갈라지고
몸살하듯 건물들이
공포 속에 부르르 떤다.

짧은 시간 속에
넓은 지역
견고한 건물들을
흔들어 놓고 어디로 갔을까.

엄청난 에너지는 어디에서 낳을까.

밀폐된 지하에서
견고한 산맥 밑이나
평야 속이나
강물 속이나
바닷속이나 아랑곳하지 않는다.

워싱턴 D.C.의 모뉴멘트

내셔널 기념 성당에도
지진은 흔들어 놓고 할퀴고 지나갔다.

114년 만의 방문이란다.

지구행성은
우주 유영 속에도
예고 없이 잊지 않고
스트레칭을 하듯
지진으로 방문하고 있다.

남쪽으로 안데스 산맥에도
지진이 방문하였다.

하와이 인근 섬에는
오늘도
시뻘건 용암이 솟구치고

인도네시아의 섬에서도
용암과 화산이
지진이 계속 이어지고 있다.

지구행성은
살아 움직임을 멈추지 않는다.

우주의 균형을 위해서

가을(Autumn)

푸르고 고요한
심연의 하늘이 열렸다.

말로
언어로 표현하기 어려운
아름다움을 펼쳐 보이면서
조용히 다가왔다.

잠자는 얼굴을 들여다보시던
어머니의 미소처럼

귀뚜라미 소리가
가을을 재촉하는 듯 흐느끼고

까만색의 호랑나비가 펄럭이며
강남으로 떠나기가 아쉬운 듯
주위를 맴돌고 있다.

깊고 푸르른
가을 하늘이
소리 없이 활짝 열렸다.

따사로운 가을 햇살에
잠자리의 날갯짓이 가벼운 오후다.

푸르름을 단풍으로 바꾸느라
나무들도 바쁜 것 같다.

가을 하늘이 닫히기 전
푸르고 깊고 높은 하늘을
한 아름 안아보자.

사과(Apple)

구름 사이로
눈부시게 비추던 태양 빛이 사라지고
어두움이 깔리는 허공에
까마귀의 울음소리가 퍼지고 있다.

피부를 스치던 상쾌한 공기도
숨을 죽이고
버지니아의 여름은
멀리 달아나고 있다.

태양의 마음은
창조주가 알고 있고
계절의 바뀜도
태양 빛의 흐름도
창조주의 손 안에 있는 것을

애팔래치아(Appalachian)
산자락의 사과는 때를 알고 있다.
태양 빛이 변하면 떠나야 되는 것을

찬란한 태양 빛 속에
푸르름은 물결치고
때가 되면
단풍으로 대지에 떨어진다.

밝은 별의 노래를 뒤로
사과는 대지에 떨어진다.

지구행성

백 년 만의
지진 진도 5.8의 강진이
북버지니아로부터
동북부의 캐나다까지 영향을 끼쳤다.

조지타운 언덕 위의
섬세하고 웅장한 모습의 석조 교회도
워싱턴 D.C.의 워싱턴 모뉴먼트에도
흠집을 냈다.

일주일 이상 계속해서
비가 오고 있다.

남부 버지니아 주에는
지난 1,000년 만에
최고의 비가 내렸고
며칠 후 조금 북쪽에도
시간당 지난 500년 만에
최고의 비가 왔다.

환경 파괴에 따른
환경 오염에 따른
기상이변

북극의 오존층 파괴
남극의 오존층 파괴
북극 빙하의 축소
남극 빙하의 축소

가뭄
태풍
허리케인
토네이도

쓰나미
라니냐
지진과
용암의 솟아흐름
대륙판의 이상 증후

자연의 주기적인 현상일까
인류의 자연 훼손에 대한 현상일까
창조주의 노염일까
우주의 천체의 재편성일까

시야를
과거로 돌려봄은 어떨까요
무엇이 달라졌고
무엇이 달라지고 있다는 것일까

헤아릴 수 없는 시간 속에
지구행성의 역사는
7번의 대재앙이 있었고
상상할 수도 없는 시간 속에
오늘도 우주유영을 지속하고 있다.

태양의 인력이
지구행성의 중력이 이어지고
태양계가 유영할 수 있는
공간이 있을 때까지는

우주유영은 계속되고
누구도 막을 수 없는
지구행성의 숙명임을….

잃어버린 바다(Lost Sea)

뉘엿
뉘엿 다가오는 늦은 오후
차타누가(Chattanooga, TN, USA)로부터
지루한 운전 끝에
한적한 Lost Sea의 입구에 도착했다.

동굴 안은 어둠이 깔렸다.
안내인을 따라
조심스럽게 한 발 한 발
지구행성의 피부 속으로

잊혀진 바다를 찾아
희미한 불빛을 따라
지구행성의
감추어진 피부 속으로 내려가고 있다

텅 빈 공간에
점점 턱없이 높아만 가는
천장에 압도되면서
정적 속으로 빠져간다.

깊이 들어갈수록
피부 속은 넓어지고
검은 어둠과
정적만이 조여 온다.

지하의 궁전은
아니었나 모르겠다.

한 발
한 발
지구행성의
피부 속으로 들어가고 있다

잃어버린 바다는
어디에 있는지
어디로부터 시작되는지
좀처럼 보이지 않는다.

어둠의 정적 속에서
지하의 요정이나
염라대왕의
노기 찬 호령이 들려올 것 같다.

금단(禁斷)의 선을
허가 없이 들어왔으니
빈약하고 희미한 불빛에
어디에선가
물소리가 들려오는 것 같다.

조그마한 배가 보인다.
신화 속의
망각의 강을 건너 주는
배는 아닌지 모르겠다.

이승과
저승의 갈림길은 아닌지
어설프게 배에 올라
잔잔한 호수를 저어가니

푸드득 소리와 함께
크나큰 물고기들이 힘차게
물방울을 튕기며
배 주위로 몰려든다.

지하
잊혀진 바다에 온 것을
환영한다고….

이 많은 지하 호수의 물은
어디에서 오고
어디로 흘러갈까

저 많은 고기들은
언제
어디서 왔을까

망각의 호수를 떠나자
물고기들이 섭섭한 듯
뒤따라오기 시작한다.

개인 밤하늘에
반짝이는 별빛이
정답게 느껴지며 다가온다.

Rock City

가파른 높이의 산 위로
우람한 바위들만 있지요.

입석의 바위 사이로는
정상 체격의 방문객만
통행이 허용된다.

꼬불
꼬불
바윗길을 지나
바위 끝에 서면

아스라이
조지아 주가
앨라배마
노스캐롤라이나
사우스캐롤라이나

버지니아 주가
켄터키
테네시가 다가온다

저 아래 어슴푸레
차타누가(Chattanooga, TN, USA)가
그림처럼 펼쳐져 있다.

1960~1970년대를 풍미했던
록가수-엘비스 프레슬리가
처음 데뷔하였던
차타누가를 휘감으면서

테네시 강이 구불구불
아름답게 조용히 흐르며
그날의
정열적인 공연을
환호하던 관객을 이야기하고 있다.

아찔한 높이를 자랑하는
옆쪽 바위를 가르고
쉼 없이
물이
폭포가
테네시 강을 향해 떨어지고 있다.

자연이지만
참으로 정교한 것 같다
머지않아 겨울이 다가올 듯
듬성듬성한 단풍 속에
햇빛이 곱게 비추고 있다.

인디애나 주를 지나며

출렁이는 오대호를 끼고
우뚝우뚝
솟은 빌딩 숲의 시카고를 뒤로
인디애나 주의 프리웨이

시원히 펼쳐진
미국 중서북부의 평야를
누렷누렷
황금물결의 강냉이 밭과
콩밭을 달리고 있다.

서쪽으로
미국대륙을 동서로
미국대륙을 남북으로
흐르고 있는 미시시피 강을

동쪽으로는
애팔래치아 산맥을 끼고 흐르는
오하이오 강을 사이에 두고
열심히 달려보지만

여정은 줄어드는 것 같지 않고
마음은 앞서 달리고 있다.

달려도 달려도
옥수수 밭은 이어지고
어슴푸레
'인디아나 존스' 영화 제목이 떠오른다.

전에는 안 보이던
우람한 풍력발전기가
새롭게 스치고 지나간다.

잘 다듬어진 정원 같은 평야
어울리지 않는 느낌이
덴마크의 풍차와는
또 다른 풍경이다.

한가로이
가을의 푸르른 하늘에
흰 구름만 떠가고 있다.

아련히 보이는 앞쪽엔
미국의 들소 떼가
그 뒤로 인디언이
안장 없이 말을 타고 달리고 있다.

프리웨이가 뚫리고
말안장이 아닌
자동차로 달리고 있다.

길은
오로지 남쪽으로 이어지고
켄터키 주의 이정표가 나오고 있다.

머리 위로 쫓아오던 태양도
지평선으로
황금빛 석양을 풀어놓고 있다.

미국의 대표적 작가인
마크 트웨인 작품의 무대였던
미시시피 강의 흐름과 함께
켄터키에 들어서고 있다.

'켄터키 옛집에 햇빛 비추니
여름날 젊은 시절
저 새는 긴 날을 노래 부를 때
옥수수는 벌써 익었다.'

옥수수 익는
황금빛 물결의
남부 프리웨이를 달리고 있다.

지구의 행성의 대재앙 후
출렁이던 바닷물이 황급히 빠지고
끝없이 펼쳐진
심해의 평야를 빠르게 지나면서

해양 생물들의 후손들은
잃어버린 선조들의
망향의 대륙을 그리고 있을까요.

푸른 심해 밑 바다의
눈부신 흰 모래사장이었겠지요.

황금빛 들판 위로
어둠이 깔리면서
피로한 몸의 하룻밤 쉼터를 찾아
두리번거리게 된다.

그레이트스모키 마운틴의
꿈을 꾸면서
내일을 약속해 본다.

알프스 산맥을 바라보며

찰스 드골 파리 공항을
굉음 속에 떠나
대기권으로 치솟자

알프스 산맥이 운무(雲霧) 속에
병풍처럼 다가오며
알프스의 웅장한 모습에
동공이 커진다.

북과 남으로
동과 서로
웅장한 모습으로

유럽을 갈라놓고
유럽과 아프리카를
지중해에서 갈라놓고 있다.

지중해를 지배하는 자
유럽을 지배하고
세계를 지배한다

알렉산더 대왕이
페르시아를
고대 이집트인 파라오를
고대 인도(india)를 평정하여

사막과
정글을
지중해를 넘었다.

유럽과
아시아를 열어
고대 세계사를 열었다

시선을 남쪽으로 돌리니
몽블랑이

시선을 위쪽으로 돌리니
태양으로부터
쏟아지는 자외선이 뜨거운지
융프라우(Jungfrau-Swiss)가 수줍음 속에
만년설의 모자를 쓰고 윙크를 한다.

줄리어스 시저는 후에
'나 로마는 여기 있고
마음만 먹으면
어디든 간다' 고 하였지만
알프스는 안 넘었다.

로마를
로마제국을 위협한
한니발 장군에게 허락하였음을

많은 세월이 지난 후
보나파르트 나폴레옹이
알프스를 넘어
영광의 프랑스를 일으켰고

제2차 세계대전 중
아돌프 히틀러 나치의 소란 중에도
침묵으로 지내온
너의 깊은 속을 누군들 이해할까.

짙푸른 성층권으로부터
눈부신
황금빛 태양 이륜마차를 몰고

파에톤*이
하늘을
구름을
불태우며 다가오는 환영(幻影) 속에

눈 아래에는
잘 다듬어진 것 같은
지중해의 붉은 소나무가
정겹게 펼쳐지면서
로마의 레오나르도다빈치 공항이
다가오기 시작한다.

* 파에톤 : 그리스 신화에 나오는 태양신 헬리오스(아폴론)의 아들.

정원의 잔디

여름내
작열하던 태양열에 맞서
쏟아지는 소나기에 맞서

살랑거리는 웃음 속
푸르름으로
앞마당과 뒷마당 정원을 지키며

오는 철새
오는 벌, 나비
사슴과 라쿤
여우와 다람쥐
칭코밍코를 반기고
소리 없이 보내고

어디에선가 찾아와
소리 없이 자리 잡는 야생초
억척스러운 영토 싸움에서
영토를 지키며

땅속의 뿌리 밑 지렁이
굼벵이와 귀뚜라미
개미와 땅벌
하루살이를 보듬고

동상에 걸리지 않고
내려가는 기온 속에서도
푸르름을 지킨다.

영하의 겨울을 준비하라고
어제저녁에는
소리 없이 하얀 서리가 내렸다.

동토 밑에 내린 부리는
겨울잠을 시작하여
봄의 새싹을 준비하고 있는 것을….

겨울은
길고도 짧은 것.

강남으로 떠났던 철새
소란하던 풀벌레
남국(南國)의 소식과 함께
귀여운 새끼들과 함께
너를 찾아올 것을….

잿빛 하늘 속에
잔물결처럼 밀려오는
적막 속에
깊은 사색의 시간이 다가왔다.

10월을 맞으면서

상달이
시월이 돌아왔다.

높고 푸르른 가을 하늘을 뒤쫓아
다가온 소설(小雪)과
입동(立冬)이
대설(大雪)이
상달을 바삐 쫓아오고 있다.

동서양의 역학 차이로
서양과는 차이가 난다.

한국에서는
한민족에게는
지나칠 수가 없는 달이다.

단군왕검이 마니산에서
하늘에 우러러
홍익인간의 고조선이 열렸다는
단군신화의 시작인 달이다.

단군이
온 얼굴에 웃음을 띠우고
우주로부터 오시는 날이다.

어느 민족이나
동서의 차이 없이
신화로 시작됨은 차이가 없다.

종교와는
또 다른 공통점이 있다.

한민족의 찬란한 역사는
한민족의 이동은
이렇게 시작되었고
이렇게 이어졌고
이렇게 이어갈 것이다.

10월 3일 개천절(開天節)
진심으로 감사를 드리자.

개인의 생일이나
집안의 시제도 기념하고 있는데
다 같이 축원하자 개천절을
한국인이라면 말이다.

이웃 나라
이웃 민족에게서도 축하를 받자
우리도 그들에게 하여 주자.

천체물리학

잔물결과 같은
얇고 하얀 구름이
한가로이 높고 푸르른 상공에 떠 있다.

해맑은 태양도
고즈넉이 졸고 있다.

색체의 조화와
형체가
에메랄드 빛의 가을 하늘에
구름이 한가로이 걸려 있고
그건 예술이다.

색과 구도와 느낌이
에메랄드 빛의 푸르른 창공 위에
우주를 지나
천체에는
빛도
색도 사라지고

형체는 분자로
분자는 원자로
보이지 않는 원인을

결과를 이끌어 내는 것은
과학이지요.

태곳적 우주와
천체의 탄생의 빛의 측정으로
속도와
나이와 거리
규모를 계산

과학적 에비던스를
확립한다는 것은
천체물리학의 의미로서
영혼불멸의 예시를 벗어나는 것이다.

늦가을의 소나기

청명한 가을 하늘이
갑자기 흐려지기 시작한다.

눈부시게 쏟아지던 햇빛도
잿빛 구름이 가로막기 시작하고
시커먼 구름이
무겁게 밀려오면서
어두워지기 시작한다.

살랑이던 바람도
살랑거리던 단풍잎도
겨울을 준비하던 수풀도
침묵에 잠기기 시작한다.

먹장구름에서부터
수컷사자의 포효가 들리면서

소리 없이
수풀 속에서 앞을 주시하던
암사자가 필사적으로
들소 떼를 향해 달리기 시작하면서
생사의 갈림이 이어지고 있다.

빗발이 굵어지기 시작하면서
빗발이 빨라지기 시작
암사자의 숨도
들소의 숨도 가빠지고 있다.

지하신의 샤워 시간에 맞추어
앞이 보이지 않게
소나기가 쏟아지고 있다.

도랑이 생기고
빠른 흐름이 숨 가쁘다.

암사자의 주위에
사자 가족이 모여서
포만 속에 피로를 풀고 있다.

빠끔히 열린 구름 사이로
눈부시게 햇살이 비쳐온다.

신선한 초록 속에
새들이
생의 찬가를 지저귀며
강남으로
떠날 차비에 분주하다.

제4부

때 이른 첫눈

해저화산 폭발과 지진

활활 타오르는
고열을 토해내는
불빛 태양은
뜨거운 열을 식히느라
드넓은 우주 속을 유영하면서
지구행성을 놓아주지 않는다.

태양은
우주를 유영하면서도
지속적으로 지구행성에
신호를 보내주고 있다.

지구행성의 중심핵은
두터운 액체에 싸여 있고
두터운 대륙판에 싸여 있어
태양의 신호가 도달하기까지는
시간이 걸리겠지요.

1.2km 바다 밑으로부터
해저화산이
스페인 앞바다에서 터져
용암과 검은 가스가 떠올랐다.
새로운 섬을 만드나 보다.

터키의 남쪽에서도
7.2도의 지진이 지각을 흔들었다.

6,720km 밑
지구행성 중심핵의 영향인 것 같다.

태양의 신호가
지구행성 중심핵에
지구 중심핵의 신호가
마그마에 잘못 전해진 것은
아닌지 모르겠다.

태양 빛을 따라온 전파의 영향인지
지구행성의 영향인지
빛의 영향인지
물의 영향인지

인류와의 사전 협의는
언제쯤 가능한지
어느 채널을 활용하여야 되는지

머리 위의 태양에게
발밑의 지구행성 중심핵에게
물어봅니다.

수많은 사상자와
중상자의 슬픔과
괴로움은 알고 있는지

재발과
예측은 할 수 있는지
누구의 소관인지를….

죽음의 도로(Death Road)

— Yungas Road, Bolivia

삶과 죽음이 공존하는
죽음의 도로(Yungas Road, Bolivia)

융가스의
밑을
옆을
위를
보지 마세요.

잘못 발을 디디면
잘못 핸들을 움직이면
찾을 수 없고
찾으러 내려갈 수 없다.

위로는
아마득히 산 정상만 보이고
옆으로는
끝이 안 보이는 계속이 있을 뿐

죽음의 도로 융가스
알토 중의 알토라고 부른다.
페루 중의 페루(알토 중의 알토 의미)
고산 중의 고산이란다.

볼리비아 융가스는
융가스의 도로로만 갈 수 있다.

잉카의 전사는
태양의 아들들은
죽음의 도로를 넘어
잉카제국을 세웠고
아마존 정글을 껴안았다.

지구행성 대재앙 시
대서양은
살라르 데 유우니 소금사막의
바닷물만 데려가고
소금은 죽음의 도로에 막혔다.

운전하기도 어렵지만
걷기도 현기증이 난다.

젊음은
어려움을
모험을 즐긴다.

스릴을 느끼며
자전거로 도전
자전거로 달리고 있다.

죽음의 도로를
그날의 잉카 전사들처럼
태양의 아들들처럼….

Halloween Day

한 해의 풍요롭던 결실이
들판에서
과수원에서
사랑스럽게 손짓하고 있다.
어서 거두어들이라고

찬 서리가
찬바람이
드높고 푸르기만 하던
하늘을 잿빛으로 바꾸어 놓으면서
가까이 다가오고 있다.

은빛 달빛도
에메랄드 빛의 별빛도
멀어지기 시작한다.

할로윈이 찾아왔다.
잊지 않고 찾아왔다.

온갖 험상궂은 색깔과 모양으로
쓰다 버린 마당비를 타고
달로부터 날아오고 있다.

천진난만한 어린이들의 웃음 속에
거리낌 없이 문을 두드린다.

과자를 주던지
저주를 받던지
양자택일이 있을 뿐이다.

마귀할머니가
단 것을 좋아하는 줄은 몰랐다.

어느 민족의 민속이냐
미신이냐를 개의치 말자.
다가올 삭막한 설한풍
한 해가 지나기 전에 꿈속의 전설을

왁자지껄
기괴한 차림새의 가면무도회

당당한 즐거움 속에
어제의 나를
내일은
오늘의 나인 것을….

민주주의

서유럽의
정치와 현대(現代) 대학 교육의
커리큘럼을 있게 한
민주주의의 시작으로는
아테네(그리스)를 들 수 있고

아테네 하면
소크라테스
플라톤, 아리스토텔레스를 떠올리게 된다.

아테네의 민주의회 정치와
소크라테스 하면
피타고라스를 떠올린다.

민주주의는 의회를 위한
선거를 통한
민중의 투표권 행사와

독재와 공인들의 권력을 통한
부정과 비능률을
감시-감독과 균형을
행사할 수 있다고 보겠다.

민주주의는
피를 먹고 크는 장미라고….

피타고라스는 마지막은 암살로
소크라테스는 민주주의 독배로
최후를 마쳤고
플라톤은 대표적 저서 『공화국』에서
민주주의에 대한
부정적인 면을 말하고 있다.

서유럽 대학의
커리큘럼 정립에 기여한
아리스토텔레스도
민주주의에는 호의적이
아님을 알 수 있다.

민주주의에는
좋은 점과 주의하여야 할
양면성이 있음을
철학자들은
일찍이 일깨워주었다고 하겠다.

아테네의 번영과
몰락을 가져온
정치제도의 한 면을 말이다.
문제점과 시정해야 할 점이
남아 있다고 하겠다.

민중 심리에 휩쓸리는
투표권 행사에 따른
개개인들의 결과를 말이다.

선거가 다가오면서
언론의 해설에 따라
여론조사의 유도와
민중 심리에 휩쓸리게 된다.

왕정과
전제정치와 신권정치와
민주주의와 맞서 온 공산주의와
사회주의와 자본주의와
식민주의와 제국주의의 정치를
경험하였고 보아왔다.

많은 지역에서
민주주의를 지향하고 있으며
개선하고 있다.

점점 좋아지고 있지만
다른 면도 노출되고 있다.
인내력을 가지고
내일을
기대해보아야 될 것 같다.

풀뿌리의 한 표가
국가의 내일을
세계의 내일을 변화시킴을 말이다.

선거는
민주주의는
나 자신의 일이다.

주권의식을 가지고 있을 때
민주주의는 꽃이 피고
유토피아는 찾아온다고 하겠다.

역사의 순환

역사는
사실의 기록으로
내일의 오늘의 기록이다.

거울에 비친
모습과 모양을 보고
내일의
모양과 모습을 고치지만
돌아서면
거울에서 사라지는 습성을 가졌다.

물과 같이
흐르는 습성으로
기록을 하여
내일의 거울에 기록한다.

국가의 골격은
경제와
국방의 토대 위에
국민이 주인이다.

정치는
정치인은

국민을 보호하고
국민을 위하여야 한다고….

역사의 기록은
거울에 비추이고 있다.

국민을 위하는 정치 속에
군대의 조직이 있고
군의 힘은
운동의 양과
수량과 속도로
군대의 병력을 의미하고

국민의 수와
보충할 수 있는 예비 병력과
국민의 수와
무기와
장비와
훈련과 사기(士氣)라 하겠다.

태양 빛에 불타는
대지 아프리카
대륙 중동에서는

반세기 전의 역사의 기록이
재현되고 있다.

잘 훈련된 군 조직을 갖고도
조직이 안 된
훈련이 안 된 시민군이
혁명군을 와해시켰다.

민의를 저버린
정치의
독재의 끝을 보여주고 있다.
반세기 전의 그날처럼….

민심(民心)을 저버린
국제 외교를 저버린
마지막을

역사의 거울은
말없이 보여주고 있다.
말없이 기록하고 있다.

노인(老人)

노인에게는 투자를 꺼린다.
얻는 것이 적고
시간이 많지 않기 때문이다.
노인은 젊음의 어머니인 것을….

젊음은 용기를 기르고
지혜와 혜안을 기르고 있지만
노인은
지혜와 혜안의 어머니인 것을….

젊음은
허영심과
위선과
야심과
변덕스러워
이기적으로 흐르기 쉽지만

노인은
위선과
야심과
변덕과
허영심과

이기심의 끝을 아는
어머니인 것을

젊음은
사랑하든가
사랑하지 않든가
중간을
선택하는 데 주저하지만

노인은
중간과 순수성의 어머니인 것을….

젊음은
비극과
운명의 굴곡 행운 불운
사회적 관계나
애욕이나
성격의 갈등의 진정을 얻기가 어렵다.

노인은
허위와 혼동의 어머니인 것을

젊음은
영원을 추구하고 믿고 있지만

노인은
착각과
착시 현상을 알고 있는 것을

젊음은 모르지만
공수래
공수래의 의미를 알고 있는 것
노인은 알고 있다.

사람은
늘
사람을 오해하고 있다는 것을
알고 있는 어머니인 것을….

때 이른 첫눈

첫눈이 오고 있다.

50년 만에
10월에 오는
첫눈이란다.

50년 전 이때에도
유럽이
중동이
미국이
침울하고 있었다.

기다리든
기다리지 않아도
해마다 첫눈은 찾아온다.

불만 속이나
즐거움 속이나
첫눈의 의미나
느낌은 차이가 없다.

회색빛 허공으로부터
바람 따라
구름 따라

찬 물방울이 변신하여
첫눈이 휘날리고 있다.

우주 공간을 주유하던
물이 변신하여
반기든
반기지 않아도
첫눈이 오고 있다.

태양 빛도
태양열도
첫눈 속에 묻히고 있다.

생의 찬가를 부르던 새들도
푸르른 숲속의 나무들도
침묵 속에 봄을 기다리는 위로
첫눈이 쌓이고 있다.

신은 언제나와 같이
침묵을 지키고 있다.
소란스럽게 휘날리며
내리는 눈을
무언으로 대하고 있다.

회색의 찬가(讚歌) 속에
흰 눈이
첫눈이 쌓이고 있다.

북버지니아의 겨울

북버지니아를 쉬지 않고
흐르는 포토맥 강은
메릴랜드 주와
워싱턴 D.C. 사이를 지나
체서피크 베이를 거쳐
대서양으로 합류한다.

겨울 밤하늘에
수정같이 반짝이는
별빛의 차가움 속에
포토맥 강물 빛도 검은 빛을 띠고
천천히 흐르기 시작하면

여름내 강변을 따라
사랑의 밀어도
발걸음도 끊긴다.

태양도 짙은 구름 뒤로 숨고
흰 눈이 휘날리는 사이로
링컨 동상과
워싱턴 모뉴멘트를 넘어
국회의사당의 불빛이
쓸쓸히 다가온다.

북버지니아의 겨울은
애팔래치아 산맥으로부터 불어오는
차가운 바람 속에
밤은 길어지기 시작한다.

피부를 스치는 싸늘한 바람 속에
실려 오는 한밤의 속삭임은
우주가 토해내는 숨소리인 것을….

싸늘한 바람을 따라 다가오는
겨울의 영혼은
지루하게 지나는 여행과 같이
회색 하늘과 함께 떠날 줄을 모른다.

회색 구름을 뚫고
활활 타오르는 태양 빛이
상쾌한 공기와 같이 다가오면
소란스러운 겨울의 영혼은
자취를 감춘다.

무언(無言)

슬며시 사라져가는
저녁놀 따라
지난날의 그리움이
환상 속에 지워지기 시작한다.

하늘 높이 바쁘게 날갯짓하는
새들이
지는 저녁놀에 묻히기 시작한다.

사라져가는 날들을
그리워하며
끊길 줄 모르는 감언에
밀려오는 검은 파도에 휩싸여
신은 죽었다고

태양 빛은
태양열은 식을 거라고
태양은 폭발할 거라고
광란의 춤을 추기 시작한다.

어둠이 출렁인다.

높이를 알 수 없는
깊이를 알 수 없는
어둠의 심연 속에서
신(神)을 찾지만
신(神)은 무언(無言)이다.

활활 타오르는
눈부신 태양 빛이
무언 속에 다가오고 있다.

어둠이 엷어지고 있다.

검은 파도는 밀려가고
하늘이 높아지면서
푸르른 우주로부터
무언(無言)으로
찬란한 신호음이 들려오고 있다.

미래(未來)

시간과 공간은
우주와 천체의 과거로
현재의 순간을
과거의 순간으로
미래(未來)의 순간으로 이어주고 있다.

미래(未來)는 환영(幻影) 속에
결코 실체를 안 나타내지만
시간과 공간의 각도에 따라
미래의 환영(幻影)이
한 선상으로 다가온다.

미래의 환각 속에
지금의 순간(瞬間)을 과거로
과거의 순간(瞬間)이 현재로
현재의 순간(瞬間)은 미래로
동일선상으로 이어진다.

미래(未來)의 순간(瞬間)은
미래(未來)의 실체는
환각 속에 실체가 없다.

현재와
과거는 동일선상에
현재의 순간에서
미래의 환영은 연결된다.

현재
과거
미래는 동일선상에서
춤을 추고 있다.

타임머신을 타고
우주와
천체의 평원 속에

어제와
내일과
오늘을 다녀보자.

미래(未來)는
거기에 있는 것을….

낙엽(落葉)

우수수
나뭇잎이 떨어지고 있다.

여름내 푸르던 나뭇잎이
노랗게
빨갛게
누렇게
곱게 차려입고
대지 위로 떨어지고 있다.

겨우내 웅크렸던 잎눈을
이른 봄 따스한 봄볕 속에
소리 없이 터뜨렸던 나뭇잎들이
대지 위로
이리저리 휘날린다.

우수수
나뭇잎이 휘날리고 있다.

찬 서리에
굳어진 대지 위의
떨어진 열매의 이불로
변신하기 위해 대지를 덮고 있다.

천둥 번개 속에
쏟아지는 소나기 속에
한여름 불볕더위 속에
푸르름을 자랑하고 뽐내던 잎들이
낙엽이 되어 떨어지고 있다.

귀뚜라미 소리 끊어진
삭막한 공간 속으로
소리 없이 떨어지고 있다.

소란스럽던
풀벌레 소리 끊어진 대지 위로
반짝이는 별빛들이 보내주는
교향곡에 맞추어 왈츠를 추면서
대지 위로 떨어지고 있다.

봄을 그리면서….

통일(統一)의 기원(祈願)

태초의 천체는
암흑의 정적 속에
먼지와 가스 속에
열(熱)도, 빛도, 물도 없이
움직임도 없는 하나의 천체였다.

오래오래 전
빅뱅이 일어난 후
천체는 끝없는 팽창을 시작하고

수많은 별들이
수많은 유성이
분열을 시작하였다.

공간은 넓어지고
지구행성의 물과 불의 재앙이
빈번히 찾아오기 시작했다.

고조선(古朝鮮)은 하나였다.
기자조선(箕子朝鮮)도 하나였다.
마한, 삼한(三韓)은 분열되었고
삼국으로 이어져
고려로 통일, 이조(李朝)로 이어졌다.

나라를 잃고
식민지 이후 남북으로 갈라져
분쟁과 전쟁으로 많은 동포가 죽었다.

통일은 안 되고 있다.
통일의 기원(祈願)은
모두의 기원(祈願)이고

과거의 역사를
우주의 변천을
천체의 변천을 되돌아보면서
천체의 질서에 순응하며
유성의 충돌에서 벗어날 때가 된 것 같다.

충돌은
확장도
발전도 아니고 파괴일 뿐

지구행성의 마지막 재앙으로 인해
지구행성을 지배하던
공룡의 전멸을
되돌아볼 때가 된 것 같다.

통일의 기원은
나
네가 아닌
우주 천체의 질서임을 받아들이자.

재향군인의 날(Veterans Day)을 맞으며

초겨울 바람 속에
재향군인의 날을 맞았다.

전사한 전우들의 무용담은
살아 있는 노병(老兵)들의
얼굴의 주름살과
가슴에 빛나는 메달 속에 응축되었다.

짜여진 혹독한 훈련 속에
짜여진 규칙과 규율 속에
상하의 질서 속에
임무 이행의 군인정신 속에

전시와 평시의 차이 없이
살아온 군인의 혼(魂)

독립적인 자국의 국토방위와
연합군의 일원으로의
국제전쟁을 거치면서

영광의 메달과 함께
노병(老兵)은 말없이 퇴역하여
역사의 뒤안길로 걸어간다.

국가는
국민은
내일의 질서와 안녕을 영위하는 것을

펄럭이는 국기 속에
군인들의 혼이 들어 있다.

우리 다 같이
내일의 번영을 위해
죽음을 초월한
군인들의 호국정신을 기억하자.

까마귀

회색빛 터널을 지나온
까마귀의 울음을 따라
으스스한 겨울은 성큼 다가왔다.

상큼한 가을 하늘은 간 곳 없고
침울한 기운이 어디랄 것 없이 파고든다.

신선한 노란빛을 펄럭이며
나를 보라고 춤을 추던
실버맷 나무도 앙상한 가지만 남았다.

쓸어도
쓸어도
갈퀴가 닳도록 쓸어도
쌓이던 낙엽이 휘날리고 있다.

활활 타오르던 태양에 맞서
붉은 빛을 뽐내던 단풍나무 잎도
잎이 말리기 시작하며
대지로 돌아오고 있다.

불쾌감을
불안감을 일으키며
까마귀가 떼를 지어
메마른 이른 아침을 휘젓고 있다.

탐스러운 꼬리를 까불며
맑은 눈망울을 두리번거리며
다람쥐가 뒷덱의 슬라이딩 도어를
유심히 살펴보며 표시에 여념이 없다.

어디랄 것 없이 낙엽이 휘날리고 있다.
까마귀의 울음소리에 개의치 않고,

어느 곳에서는
효조라는 까마귀도
정이 가지를 않는다.

죽은 짐승의 사체를 청소해주지만
지옥 입구에서의 신호와 같은
울음소리 때문인지도 모르겠다.

때맞추어 찾아오는 까마귀 떼는
음산한 겨울의 문턱에서
찾아오기 때문인지 모르겠다.

까마귀가 찾아오면
단풍이 떨어지고
단풍이 떨어지면
소복이 눈이 쌓이겠지

까마귀가 울든
까마귀가 울지 않든
겨울은 깊어지고 있다.

속도

속도는
시간과 거리에 비례한다.

24시간에 갈 수 있는 거리에
소요되는 속도

1시간에 갈 수 있는 거리에
1분에 갈 수 있는 거리에
1초에 갈 수 있는 거리에
소요되는 속도

속도는
길이와 한 선상에서 춤을 춘다.

마하의 속도보다는
광속의 속도가 빠르고
광속의 속도보다는
빛의 속도가 빠르고
빛의 속도보다는
켈빈 계산 빛의 속도가 빠르다.

타임머신을 타고
2시간 우주여행에서 돌아오면
지구행성은 50년이 지나간다.

길이는
크기는
속도는
한 선상에서 출렁거린다.

인류는 속도에 열광하여
빨리 가고
높이 뛰고
멀리 가고
한 선상의 속도인 것을

과거와 현재가 있어 미래가 있고
과거와 미래는 한 선상에 이어지고
그 끝은 미래로 이어진다.

속도와
시간과 길이는
한 선상에서 춤을 추고 있다.

천체는 팽창하고 있고
거리는 확대되고 있고
속도는 빨라지고 있다.

보이지 않는 미래를 향해
타임머신은
과거로 향하고 있다.

문학세계대표작가선 662

잃어버린 바다 Lost Sea

한승덕 9시집

인쇄 1판 1쇄　2012년 7월 16일
발행 1판 1쇄　2012년 7월 23일

지 은 이 : 한승덕
펴 낸 이 : 金天雨
펴 낸 곳 : (주)천우미디어그룹/도서출판 天雨
등　　록 : 1992. 2. 15. 제1-1307호
주　　소 : 서울시 성동구 무학봉28길 6(하왕십리동 966-23) 금용빌딩 2F
전　　화 : 02)2298-7661
팩　　스 : 02)2298-7665
http://www.moonhaknet.com
E-mail : ing@moonhaknet.com

값 10,000원

ISBN 978-89-7954-513-5